AF468798

LES FINANCES DE LA FRANCE & LA GUERRE

LES

FINANCES DE LA FRANCE

ET

LA GUERRE

PAR

EUGÈNE VILLEDIEU

Intendant militaire à Quimper

BREST

IMPRIMERIE DE J. B. LEFOURNIER AINÉ

86 Grand'Rue 86

LES

FINANCES DE LA FRANCE

ET LA GUERRE

Il importe souverainement, pour le succès de la Défense nationale, que la question financière, telle que l'ont posée les événements, ait au plus tôt sa meilleure solution. La délivrance de notre patrie réclame des mesures aussi promptes qu'intelligentes, au point de vue financier comme au point de vue militaire ; et la levée de la nation ne peut aller sans l'appel aux ressources matérielles nécessaires à cet armement de tout un peuple prêt aux plus grands sacrifices, pour sauver sa liberté, son honneur et sa vie.

Nous devons donc nous demander quels ont les moyens de nous procurer convenablement les ressources pécuniaires qu'exigent les nécessités de la crise où nous sommes, et quel est celui de ces moyens qui offre le plus d'avantages, soit en étant le moins onéreux, soit en répondant le mieux aux pensées qui doivent être celles de la France républicaine.

Si l'on évalue à deux milliards la somme que va demander la continuation la plus énergique de la guerre, dans la perspective de six ou huit mois encore d'hostilités, il y a cinq moyens pour la France d'obtenir cette somme.

Ces moyens sont : ou un emprunt national libre, dans la forme ordinaire ; ou un emprunt forcé ; ou une imposition extraordinaire ; ou une création de billets de l'Etat ; ou une émission nouvelle de billets de la Banque de France, jusqu'à concurrence de deux milliards.

Voyons quels sont les motifs qui militent pour ou contre l'adoption de chacun de ces moyens.

I.

Un emprunt national dans la forme habituellement employée, avec inscription de rentes au Grand-livre de la dette publique, se recommande surtout par ceci : c'est que, étant couvert soit par le capital français, soit par le capital étranger, il intéresse ce capital à la prospérité de l'Etat qui a fait indirectement appel à lui. Il l'y intéresse dans une certaine mesure, sans l'y associer pourtant d'une manière très-étroite, puisque le prêteur a toujours la ressource, — aléatoire, il est vrai, comme profit ou comme perte, — de négocier sur le marché des valeurs publiques le titre de rente dont son prêt l'a nanti. De sorte que, si l'on peut dire que ce genre d'emprunt est une forme du *crédit démocratique*, en tant qu'il rend accessible à tous le prêt fait à l'Etat, on peut dire aussi, avec non moins de vérité, qu'il est une institution de l'individualisme, autant et plus peut-être que de la juste solidarité démocratique.

Il a d'ailleurs un inconvénient grave ; c'est que, le capital de cet emprunt n'étant pas forcément remboursable par l'Etat, il entraîne les peuples qui ont recours à ce moyen, dans une voie qui a ses dangers : il y grève, d'une manière lourde, la situation financière ; et, en même temps, il y maintient l'apparence illusoire d'un Etat bien ordonné et florissant, alors que, par le seul fait de ce genre d'emprunt trop facilement réitéré, on voit se produire une double cause d'affaiblissement économique dans cet Etat : d'une part, une atteinte à la formation du capital national ; d'autre part, l'habitude plus funeste encore, que ce mode d'emprunt contribue à y invétérer, des profusions gouvernementales et de la prodigalité politique.

Cette prodigalité, allant jusqu'au mépris de toutes les lois morales et jusqu'à la méconnaissance extrême des lois économiques, n'a pas été, on le sait trop, un des moindres méfaits du dernier régime impérial si profondément corrupteur et qui a porté si loin le gaspillage des finances publiques.

Mettant à son œuvre cette habileté d'un simulacre d'ordre social, qui l'a éminemment caractérisé, il s'est servi, avec succès et largesse, de ce genre d'emprunt national ; il l'a fait concourir à tous les excès dépravateurs de son militarisme, de ses nombreux moyens de règne, de ses débauches de dynastie. Il a accru ainsi notre dette de près de sept milliards en dix-huit ans ; et cette dette, il l'a portée à plus de quinze milliards. Il n'a pas cru que le fait trop général, même avant lui du non-amortissement, fût assez désastreux ; en même temps que la caisse d'amortissement figurait pour sauver les apparences et n'amortissait rien, il faisait proclamer comme une vérité, par plusieurs de ses plumes vénales, que, pour un peuple, amortir sa dette est chose inutile et presque indigne de sa grandeur.

Tel est le péril qu'a, pour un peuple, le libre emprunt national : il lui offre la facilité dangereuse de ne pas nécessiter un remboursement.

Il a, de plus, un autre inconvénient, au moment où nous sommes : il est difficilement réalisable. Il va avec les situations ordinaires; et celle où nous nous trouvons ne l'est point.

S'il s'offrait, en effet, généralement aux capitalistes Français, il rencontrerait le grand nombre d'entre eux, ceux qui représentent le capital moyen de l'industrie ou de la modeste propriété foncière et le petit capital de l'artisan, ayant déjà à faire face aux dures nécessités de cette heure, ou aux emprunts municipaux et départementaux déjà décrétés.

S'il se présentait sur les places étrangères, il est certain qu'il serait couvert ; mais il n'est pas moins certain aussi qu'il ne s'effectuerait qu'à des conditions onéreuses pour nous. L'intérêt s'élevant dans de telles situations économiques, avec le risque réel ou supposé et avec la difficulté même de ces situations, ce ne serait guère qu'au taux de dix pour cent, et plus peut-être, que cet emprunt serait réalisé. Le dernier emprunt de 250 millions fait à Londres, dans des conditions moins désavantageuses il est vrai, mais pour une somme bien moins élevée et depuis quelque temps déjà, peut servir d'indicateur à ce sujet.

De ce que nous venons de rappeler, nous devons conclure que ce n'est pas dans un emprunt national libre, sous la forme ordinaire, qu'il faut chercher ia solution de la question qui nous occupe.

II.

Faut-il chercher la solution de la question dans l'*emprunt forcé*, qu'ont préconisé bruyamment quelques folliculaires et quelques agitateurs de club ? Assurément non.

Dans ce genre d'emprunt, rien n'est avantage, tout est inconvénient. Au lieu d'associer, il divise ; au lieu d'attirer le capital, il le fait fuir ; au lieu de trouver les ressources, il les manque. Il cherche à saisir des fortunes : il ne saisit que des victimes. Plus de la moitié du chétif trésor dont il s'empare, lui échappe, comme déperdition vaine, pour rémunérer tout l'appareil dictatorial, tous les agents inquisitoriaux qu'il est obligé d'employer à son œuvre.

La fortune mobilière ne lui est révélée que d'une manière défectueuse ; et il es , à son égard, doublement injuste, injuste dans son principe même, injuste dans sa base de répartition. La fortune immobilière n'est pour lui qu'un moyen plus malheureux et qu'un gage plus inique encore, en la violant, il la déprécie ; en la confisquant, il la ruine entre ses mains.

Qu'on essaie de lui ; il arrachera quel ques écus ; et, chez le grand nombre qui possède, il aigrira tous les cœurs, en les aliénant à jamais à la cause de la République. Issu de l'arbitraire, il n'aboutira qu'au despotisme, sous un nouvel empire, après avoir servi, un temps bien court, les illusions de la démagogie.

C'est un moyen de détestable violence que peuvent seules rêver l'anarchie et la tyrannie. Il peut aller avec les *réquisitions* prussiennes. Il fera l'œuvre d'un César, après avoir fait celle d'un Bismark et des perversités germaniques.

C'est en avoir dit assez sur un expédient qui ne sera jamais le fait que d'une grossière ignorance ou de la dérision de tous les principes économiques.

III.

Une imposition extraordinaire, s'ajoutant à toutes celles qui pèsent déjà sur la France, est-elle le moyen de donner à l'Etat les deux milliards qui lui permettront de repousser complètement l'étranger? Nous ne le pensons pas.

Dans la situation actuelle, résultat de tant de calamités qui sont venues presque inopinément fondre sur le commerce, sur l'industrie, sur l'agriculture nationale, ce fardeau excessif serait à peu près impossible à porter; et, pour un très-grand nombre de familles, cette charge serait la ruine.

Assurément, nous sommes de ceux qui mettent le salut de la patrie bien au-dessus des infortunes et des souffrances individuelles. Mais ce salut même demande que l'on n'ajoute pas de nouveaux désastres financiers à tous ceux qui se sont amoncelés déjà. Il y aurait là une grave atteinte portée aux conditions économiques les plus indispensables pour la possibilité de notre résistance et de notre triomphe sur la barbarie.

Cette imposition extraordinaire, que serait-elle d'ailleurs, si ce n'est une flagrante injustice? Au lieu de répartir sur toute une série d'années, les charges d'une guerre qui doit affranchir plusieurs générations et inaugurer une nouvelle époque humanitaire, on les ferait, contrairement à toute équité, porter d'une manière exclusive sur ceux-là mêmes qu'écrasent les horreurs d'une sauvage invasion.

Si les vaillants d'aujourd'hui combattent, dans une suprême lutte, pour assurer la liberté, l'ordre et la paix aux hommes d'un prochain avenir, c'est le moins que ceux qui leur succéderont et qui profiteront des bienfaits amenés par leur héroïsme, contribuent, en quelque mesure, aux sacrifices qu'aura demandés la victoire de la France et la liberté de l'Europe.

Se dit-on bien d'ailllcurs ce que serait, pour la popularité de nos généreuses institutions républicaines, ce surcroît d'impôts de 140, 160 ou 180 centimes, lorsque en 1848 l'impot des 45 centimes, trois fois moindre pourtant que celui qu'ont prélevé, pendant quinze ans, les prodigalités impériales, a été si savamment exploité par les cabales, les rancunes, les misérables partis-pris, qui ont contribué puissamment, de leur gré ou contre leur gré, à nous donner le long et douloureux spectacle des plus mauvaies jours césariens ?

Cet impôt extraordinaire, ce moyen le plus impolitique, nous le repoussons. Aveugle expédient ou perfidie, il serait une calamité.

IV.

Ainsi, la question des finances nécessaires à notre guerre nationale ne saurait être résolue, selon nous, d'une manière convenable, ni par un emprunt difficilement praticable mais juste, ni par un emprunt aussi impraticable qu'injuste, ni par un surcroît d'impôts extraordinaires, qui ne serait guère plus conforme à l'équité qu'aux possibilités actuelles.

Cette question, par quoi donc faut-il la résoudre? Par un moyen de vraie solidarité.

C'est par la solidarité la plus compacte de toutes ses forces militaires que la France vaincra ; c'est aussi par la solidarité la plus puissante de tout ce qu'il peut y avoir en elle de confiances individuelles, groupées sous la garantie nationale, qu'elle aura les ressources matérielles que réclament la défense et le triomphe de la patrie.

Ce que nous avons donc à nous demander, c'est ceci : Quel peut être le meilleur moyen de grouper, dans les circonstances présentes, ces confiances individuelles, en les couvrant de la garantie collective de la nation ?

Dans un état de société plus normal et plus rapproché de l'idéal *réalisable*, cela serait naturellement résolu par l'*association* à son degré assez complet, si toutefois l'on pouvait supporter qu'il y eût alors à résoudre des problèmes sociaux qui rappellent, à plus d'un égard, ceux des plus tristes époques de l'histoire.

Aujourd'hui, dans les conditions si imparfaites que nous fait notre situation sociale, il se présente à nous deux moyens : ou bien, la création d'un *papier-monnaie*, de *billets de l'Etat* ; ou bien, l'émission, garantie par la nation elle-même, de nouveaux billets d'une grande institution de crédit, comme l'est chez nous la Banque de France.

Examinons l'un et l'autre de ces deux moyens, en demandant à des expériences faites déjà, l'enseignement qu'elles peuvent nous donner à ce sujet.

Dans des circonstances aussi décisives, où il allait également, pour les Etats-Unis, de leur existence même, on comprit, par-delà l'Atlantique, au début de la guerre de sécession, que ce que l'Union américaine avait à faire, au point de vue financier, comme ressource suprême, c'était d'en appeler à la confiance de tous ses enfants dans la vitalité, dans la durée et la prospérité future de cette Union ; c'était d'organiser, pour les nécessités de la plus terrible lutte, cette confiance générale, de manière à ce qu'elle se traduisit en une institution publique qui en fût l'expression et qui montrât ce dont est capable un peuple où les intérêts de chacun sont regardés comme étroitement solidaires des destinées de la patrie.

Ce fut dans cette pensée, avec ces principes et avec un juste espoir fondé sur eux, que les *green-baks* (1), véritables billets de l'Etat, portant la signature de l'Union américaine, et ayant la garantie du

(1) Billets au *verso vert*.

peuple entier dont ils représentaient la puissante énergie nationale.

On émit environ pour 800 millions de dollars de ce papier chirographaire ayant pour hypothèque la fortune publique, et devant être, après la guerre, retiré le plus tôt possible de la circulation. On fit de ce papier de l'Etat les coupures les plus diverses, depuis des valeurs équivalentes à 25 ou 50 centimes, jusqu'à d'autres représentant 25, 100 ou 500 francs. Le gouvernement de la République fit face, avec cette monnaie conventionnelle, aux dépenses énormes auxquelles il avait à subvenir; et le public américain, bien convaincu que les *green-baks* reposaient sur le produit du travail de tout un peuple industrieux et sur une grande honnêteté politique, accepta ce moyen d'échange, presque comme il eût accepté des valeurs commerciales offrant la possibilité, que n'avait pourtant pas ce papier-monnaie, d'être aussitôt converties en numéraire.

Dès que la paix a été rétablie, le gouvernement des Etats-Unis, qui pratique, mieux qu'aucun autre, le devoir de l'amortissement de la dette publique, a procédé au remboursement successif des *green-baks*, qu'il retire, chaque jour, du milieu où ils ont eu une utilité réelle mais transitoire, et où, maintenus plus longtemps qu'il ne convenait, ils ne pouvaient qu'amener des perturbations économiques.

On sait, en effet, que pour ce genre de billets d'Etat, qui n'ont pas, comme la monnaie, une valeur intrinsèque, mais qui n'en ont qu'une entièrement fiduciaire, tant il y a un danger, pour ainsi dire perpétuel, qui consiste dans le risque incessant d'une prompte dépréciation. Monnaie de pure convention, elle suit les fluctuations de la confiance publique qui lui donne toute son importance; et sa valeur fictive, à qui la confiance générale donne pourtant une sorte de réalité, sa valeur essentiellement variable exprime les entraînements d'opinion du milieu social où elle est jetée.

Bien moins, sans doute, que le papier-monnaie de notre première République, celui de l'Union américaine a connu pourtant les inconvénients de cette oscillation de valeur conventionnelle. La prudence du peuple des Etats-Unis et la cause éminemment morale qui était l'origine de l'émission des *green-baks* créés en dehors de tout esprit de parti et pour les seules nécessités de la défense nationale, ont fait que l'on n'a point vu se reproduire en Amérique les douloureux mécomptes qu'avait amenés l'expérience française. Des variations de valeur, même graves, ont atteint cependant les *green-baks;* et il a fallu jusqu'à une quantité représentant 25 fr., pour payer une modeste journée de travail. On peut dire qne la dépréciation subie par ce papier-monnaie, pour les objets d'échange de consommation et d'usage ordinaires, a oscillé entre 30 % et 80 % de la valeur en numéraire.

Pourrions-nous, dans la situation qui est la nôtre, attendre des billets de l'Etat les mêmes avantages que ceux qu'en a retirés l'Union américaine, et aussi peu de trouble jeté par eux dans les relations de l'ordre économique ? Nous ne le pensons pas. Leur action utile en ce moment, parmi nous, est chose qui nous paraît très-douteuse au moins.

Le *papier-monnaie* a contre lui, chez

nous, les habitudes du caractère français et les préventions d'une fâcheuse expérience.

Les tendances de tous nos gouvernements, qu'ils aient été monarchiques ou républicains, ont été généralement jusqu'ici vers une exagération des moyens d'Etat. Or, le papier-monnaie est un de ces moyens ; et nous avons su tellement en abuser, qu'en peu d'années la première République en fit une série d'émissions qui s'élevèrent jusqu'au chiffre de 45 milliards, alors que les biens nationaux, qui leur avaient été *assignés* pour garantie, ne dépassaient guère, en valeur, deux milliards. De là l'énorme dépréciation qu'eurent rapidemdnt ces *assignats*.

Nous n'ignorons pas assurément qu'après tant d'essais empiriques, qu'ils se soient dits *révolutionnaires* ou qu'ils se soient appelés *conservateurs*, notre République entend sortir de la triste voie des excès centralisateurs et des abus gouvernementaux. Mais ce n'est pas en un jour que certaines tendances d'un peuple se modifient. Et, si une Révolution heureuse et des plus nécessaires a été faite dans l'Etat, le 4 septembre, elle n'est point faite encore dans nos mœurs politiques, elle ne s'y fera que sous l'action de l'épreuve terrible que nous subissons en ce moment, et sous l'influence de nos efforts pour nous montrer dignes de la liberté.

Quant aux habitudes du public français, en matière de finance comme de politique, elles n'ont point cette froideur calme et persévérante du peuple de l'Union américaine. Nous sommes enclins, plus qu'il ne l'est, aux engouements ou aux paniques; nous passons d'une confiance excessive à une méfiance exagérée; et si nous aimons l'innovation, parfois même imprudente, nous restons souvent aussi sous l'influence de préventions invétérées.

Devant cette disposition d'esprit trop fréquente encore, soit dans notre public, soit dans nos régions gouvernementales, n'est-il pas à craindre, dans le cas d'une émission de billets de l'Etat, que la proportion vraie n'y soit pas gardée; et qu'une fois engagés dans la voie de l'émission de ces billets, on y suive la sollicitation des circonstances, comme on l'y a suivie en d'autres temps?

N'est-il pas à redouter surtout que ce papier-monnaie, en rappelant les assignats et leur malheureuse fortune, ne renouvelle parmi nous, d'une part, les défiances qui amènent les fortes dépréciations de valeur, d'autre part les irritations de pensée qui amènent les conflits d'opinion ?

Et, dans un moment tel que celui-ci, où nous devons être tout entiers à la défense nationale, est-ce l'heure de faire ressouvenir, par une mesure inopportune, que le papier-monnaie a eu pour appui, en 1793, la confiscation et la peine de mort ; qu'il a amené derrière lui la loi du *maximum* ; et que la manière dont cette espèce de billets d'Etat a fait alors son apparition dans notre France, a été complice de toutes les folies économiques d'un jacobinisme délirant ?

Non, ce n'est point maintenant qu'il faut réveiller de tels souvenirs ; ce n'est point maintenant que nous devons essayer encore d'une expérience trop douteuse, et que, pour servir notre patrie, nous devons creuser des antagonismes de pensées et semer la défiance dans l'opinion.

V.

Reste le cinquième moyen que nous avons indiqué : une émission nouvelle de billets de la Banque de France.

Ce moyen qu'est-il, en réalité ? C'est un appel à la confiance des citoyens dans la nation ; mais un appel fait en dehors de toute innovation capable d'alarmer des intérêts trop circonspects, égoïstes ou pusillanimes ; un appel fait avec toute la sécurité que peut inspirer à ces intérêts une grande institution de crédit patronnée par l'Etat et florissante ; un appel fait ainsi peut-être dans les conditions centralisatrices que comportent et que réclament encore notre situation sociale et ses défectueuses réalités.

Que le Gouvernement de la défense nationale s'adresse donc à la Banque de France et lui dise :

« Vous êtes une puissante institution de l'Etat; et à cette heure, il incombe à vous, comme à nous tous, le grand devoir de servir la patrie en danger.

» Faites à l'Etat le prêt de deux milliards, sous la forme d'une émission nouvelle de vos billets, sous la garantie de certaines propriétés nationales, et jusqu'à concurrence de cette somme.

» Ce sera le meilleur emploi, et, à certains égards peut-être, la justification la meilleure du privilége financier qui vous a été concédé dans une pensée d'intérêt public. »

Que la Banque de France réponde à cette invitation toute patriotique; qu'elle fasse à l'Etat ce prêt de deux milliards, sous forme de billets de diverses coupures, jetés ensuite en circulation par le Gouvernement, au fur et à mesure des besoins de la défense nationale; que, d'ailleurs, le contrat entre l'Etat et la Banque stipule exactement, non-seulement l'hypothèque nationale à donner à cet emprunt, mais dans quelle limite, de quelle manière, dans quelle proportion devra se faire, chaque année, le remboursement en numéraire des billets émis ; qu'il soit établi dans quel délai, après la fin de la guerre, ces billets devront être définitivement retirés de la circulation et cette dette éteinte avant toute autre : qu'en résultera-t-il? Il en résultera ceci :

La défense nationale aura trouvé de grandes ressources pour les nécessités de la lutte, jusqu'à l'entière expulsion de l'étranger ; l'administration de la Banque de France aura fait, sans risques et avec une légère prime, une opération qui n'aura nui en rien à sa situation particulière et qui sera venue en auxiliaire à la chose publique ; la circulation monétaire aura reçu, comme appoints successifs, telle et telle parties de la somme empruntée, exprimées toutes en billets d'un usage facile pour les relations commerciales ; l'emprunt national se sera fait progressivement et se sera terminé complètement sans exigences usuraires, sans gêne nouvelle et sans vexations pour les contribuables, sans intimidation de la part de l'Etat, sans effroi de la part de l'opinion.

Peut-être, probablement même, ce versement de deux milliards de billets dans une circulation monétaire de onze ou douze milliards, n'aura-t-il pas été sans quelque influence sur cette circulation et sur la valeur d'échange des billets émis.

Probablement, quelque dépréciation minime se sera produite dans la valeur de ces billets, et quelque très-légère hausse aura eu lieu, corrélativement, dans le prix des choses et dans l'ensemble des valeurs.

Peut-être ainsi l'Etat n'aura-t-il pas retiré exactement, comme ressources, la valeur actuelle de deux milliards.

Ce sont tout autant de conjectures peut-être exagérées, et toujours, jusqu'à un certain point, hypothétiques.

Mais tout cela fût-il certain, la Répuque n'en aura pas moins écarté de son origine, par une combinaison simple et juste, un écrasement d'impôts actuels de nature à la décréditer, et un lourd grèvement pour l'avenir.

Dans le fait d'un emprunt considérable, elle n'aura été ni exploitée par le capital étranger, ni suspectée par la pusillanimité, ni déshonorée par l'intrigue financière, ni compromise par le terrorisme, ni calomniée par la réaction.

Elle aura fait appel à la raison et à l'honneur. Elle aura trouvé, d'une manière indirecte mais efficace, le concours financier de tous nos concitoyens, qui auront tenu à être solidaires des destinées de la France dans l'épreuve, pour être, un jour, fiers de sa grandeur.

Et, en s'étant montrée énergique dans ses moyens d'action autant qu'équitable et fraternelle, cette République se sera glorieusement fondée et aura été durablement affermie.

EUGÈNE VILLEDIEU,
Intendant militaire à Quimper.

(Extrait du journal l'*Océan*.)

Brest. — Imp. J. B. Lefournier aîné.

www.ingramcontent.com/pod-product-compliance
Ingram Content Group UK Ltd.
Pitfield, Milton Keynes, MK11 3LW, UK
UKHW020224200726
13856UKWH00004B/1602

9 782012 477292